소리·셋

불교의 시작과 끝, 사성제

- 四聖諦의 짜임새 -

말한이 활성 | 엮은이 김용호

고요한소리

일러두기

이 책은 활성 스님께서 1994년 5월 18일 서울 〈고요한 소리〉, 2005년 9월
4일 남원 역경원에서 하신 말씀을 중심으로 김용호 박사가 엮어 정리하였다.

차 례

저는 출가를 선방으로 했기 때문에 강원에도 다니지 않았고, 은사 스님께서도 경전 보는 것을 만류하셔서 경에 대해 체계적으로 공부하지 못했습니다. 은사 스님께서는 '한 3년은 참선을 하고, 그다음에 필요하면 강원을 가든지 경을 보든지 알아서 선택하라'고 엄하게 주의를 주셨기 때문에 처음부터 경을 찾으려들지 않았습니다. 그러다 보니 경을 체계적으로 접하지 못했습니다.

그런 내가 역경 사업에 관여한다고 어쭙잖게 나서고 있습니다. 내가 빠알리 경 역경 사업에 주제넘게 관여하게 된 것은 우리 스님이 공부 과정에 대한 지도 이전에 애초 나에게 계를 주시면서 일러주신 말씀이 '불교 중흥의 동량이 되라'는 말씀이었기 때문입니다. 어떻게 하면 불교를 중흥시킬 수 있을까 계속 모색한 결과 얻은 결론은 '길을 찾으려면 근원을 찾는 길밖에 없다 그리고 불교의 근원은 근본불교, 빠알리 불교에 있다'는 것이었습니다. 그래서 빠알리 불교에 관심을 갖게 되었고, 제 나름의 요령이랄까, 길을 잡기는 '결국 부처님 가르침은 경에 직접 언급되어 있듯이 사성제四聖諦가 아니겠느냐?'라고 생각했습니다. 그렇게 소박하게 이해하고 공부해왔는데, 날이 갈수록 '팔정도八正道, 십이연기十二緣起를 중심으로 한 사성제의 이해가 불교의 뼈대이고, 그 밖의 모든 말씀은 그것을 부연 설명하는 것이다'라는 확신이 듭니다. 날이 갈수록 그렇습니다. 그래서 사성제에 대한 이해로써 불교 전체를 꿰뚫어보려는 접근 자세로 저 나름의 정진을 하고 있습니다.

불교의 시작이자 끝

불교의 시작은 사성제四聖諦입니다. 불교에는 팔정도八正道라는 뚜렷한 수행의 체계가 있고, 그 맨 처음에 나오는 것이 바른 견해, 정견正見이지요. 팔정도의 제일 앞에서 '불교를 공부하는 사람은 일단 바른 견해, 정견을 가지라'고 이야기합니다. 그러므로 바른 견해는 수행의 시작이면서 또 길을 가리키는 방향 제시라고도 할 수 있습니다. 불교에서는 바른 견해를 이야기하면서 '사성제를 올바로 이해하는 것이 바른 견해이다'라고 그 의미를 명확하게 규정합니다. 이는 불교만이 가진 특성이 아닐까 생각합니다. '좋은 사람, 훌륭한 사람 되라' 하는 말이야 어느 종교나 가르치고 어느 교

육현장에서나 강조되는데, 불교처럼 '사성제를 이해하라'는 말로 공부의 요체를 명확하게 딱 짚어서 이야기해주는 데는 없지요?

　사성제의 이해가 바른 견해이고, 바른 견해가 기초가 되어 팔정도의 다른 항목들이 하나하나 거론된다는 것은 불교 공부의 구조를 단적으로 드러내는 특징입니다. 그 출발이자 기초가 바른 견해이고, 바른 견해는 고성제苦聖諦, 집성제集聖諦, 멸성제滅聖諦, 도성제道聖諦로 구성된 사성제를 이해하는 것입니다. 얼마나 재미있게 체계가 딱 짜여 있습니까.

　그런데 불교 수행의 끝도 사성제입니다. 〈염처경念處經〉은 빠알리 경 가운데 수행법에 대해 가장 포괄적이고 체계적으로 말씀하신 경입니다. 이 경에서 말하는 수행도 결국 맨 끝에는 사성제관으로 모아집니다. 〈염처경〉에는 신념처身念處, 수념처受念處, 심념처心念處, 법념처法念處의 네 가지 염처가 나오지요. 마지막 법념처에서는 첫머리에 다섯 가지 장애[五蓋], 즉 참선 공부를 방해하는 다섯 장애의 극복 과제를 다루고, 그 다음으로 오취온五取蘊과 육처결六處結, 그 다음으로 칠각지七覺支 그리고 마지막으로 사성제가 나옵니다. 사성제를 염하는 것이 참선 수행의 마지막 단계인 것입니다. 결국 불교 수행은 사성제에 대한 이해로 시작해서 수행의 최종 단계에 이르면 사성제를 염하는 것으로 끝맺고 있습니다. 불교는 이렇게 사성제에서 시작하여 사성제로 끝납니다.

사성제를 숨 쉰다

불교는 네 가지 진리로 이루어진 체계입니다. 이를 '네 가지 성스러운 진리'라고 해서 사성제四聖諦라는 고유명사를 붙였지요. '진리'는 빠알리어로 삿짜sacca이고, 한문으로는 제諦라고 음역했습니다. '제'를 후대에 '체'라고 읽으면서 요즈음은 '사성체'라고 번역하기도 합니다만, 이제껏 읽은 관습대로 '사성제'로 부르는 게 편하겠습니다. 불교에서 진리는 사성제의 넷뿐입니다. '열반은 진리다'라고 언급하는데 해탈과 열반은 멸성제에 들지요. 그 밖에 부처님이 '삿짜'라는 말을 쓰신 경우를 찾지 못했습니다. 시공을 초월하는 진리는 사성제뿐입니다. 불교에서 진리 대접을 받는 것은 사성제밖에 없어요. 다른 것은 다 빠리야아야*pariyāya*, 즉 진리를 설하기 위한 방편이지요. 부처님의 모든 가르침은 네 가지 성스러운 진리에 담겨 정리되어 전달되고 있으니, 불교는 바로 '네 가지 진리'라고 할 수 있습니다. 따라서 네 가지 성스러운 진리를 이해한다면 부처님의 가르침을 이해하는 것입니다. 불자들에게 물으면 '사성제는 알고 있다'고 말합니다. 그런데 사성제를 제대로 완전히 터득하면 그게 바로 성불의 경지라 합니다. 우리가 성불하지 못한 것을 보면, 우리가 사성제를 안다고 생각은 하지만 실제로는 제대로 알지 못하고 있다는 말이 되지요. 사성제를 다 알면 굳이 이런 법회에 올 필요도 없고, 공부한다고 더 애쓸 필요도 없지요. 공부가 다 이루어진 거니까. 사성제는 불교의 시작이자 끝이기 때문에 우리도 결국 사성제를 매일같이 붙들고 늘어지는 수밖에 없어요. 그거 말고 할 이야기가 없지요.

사성제는 진리니까 어떤 면에서는 우리 공부하고는 관계없이 우주에 보편 충만해 있습니다. 우주가 사성제에 의지하고 우주가 돌아가는 질서도 바로 사성제 안에서 이루어지는 것이라 보면 과언일까요. 마치 주변에 공기가 꽉 차 있어서 우리가 의식하지 않고 호흡하듯이 진리가 우주에 꽉 차 있어서 우리는 진리를 들이쉬고 내쉬면서 산다고 해야 할 것입니다. 그렇게 진리가 충만해 있건만 우리는 '진리가 뭐지?' 하고 의문을 갖고, 그걸 알려고 새삼 몸부림치고 있습니다. 그래서 미혹중생인 거지요. 매일 들이마시고 살면서도 '모르겠다' 하니까 바로 미혹迷惑이 아니고 뭐겠어요?

미혹이 부처님 표현으로는 무명無明입니다. 탐·진·치

에서의 치암癡闇과도 다릅니다. 치암은 우리가 일상적으로 마음을 쓰면서 범하는 어리석음을 말하는 구체적인 개념입니다. 어리석음, 미혹됨 또는 당황과 초조, 불안, 의심 같은 게 치암입니다. 그런데 무명은 진리를 매일같이 들이마시고 살면서도 '진리가 뭐냐? 전혀 모르겠다. 진리는 나하고 동떨어져 있다'고 생각하는 착각, 큰 착각을 말합니다. 치암보다 더 크고 근원적인 것이지요. 그 무명이 있기 때문에 탐·진·치가 벌어지는 것입니다. 그래서 십이연기에서도 무명을 제일 첫머리에 꼽습니다. 그러면 무엇이 무명인가? '사성제를 모르는 것이 바로 무명이다.' 더 이상 설명할 필요가 없지요. 우리가 사성제를 알면 바른 견해를 얻어 무명이 깨지고, 무명이 사라지면 십이연기도 사라지고, 따라서 우리는 이미 공부 다 해 마친 사람이 되는 겁니다. 그러면 아라한이지요.

고苦의 대 선언

먼저 고성제苦聖諦. 여러분은 고苦라는 말만 들어도 정나미가 떨어지고 질려버릴 수 있습니다. '세상에 말이지, 내가 지금 바깥에서 지겨울 정도로 만날 겪는 게 고통이라 위안이라도 구할까 하고 절에 왔는데, 절에 오니까 대뜸 고성제부터 가르치려고 드니 얼마나 힘들고 따분한 노릇인가. 불교는 역시 너무 무뚝뚝해서 처음부터 친절미라고는 전혀 없어.' 이러면서 돌아서는 사람도 있다고 해요.

그런데 고苦는 부처님의 대 선언입니다. 부처님이 사성제를 설하신 것은, 단순히 어떤 학자나 예언자의 입

장이 아니라 자부慈父로서 자식을 가장 아끼는 아버지
가 어떻게든 그 자식을 보살피려는 일편단심에서 하시
는 말씀입니다. 그렇기 때문에 설혹 자식이 단 것을 내
놓으라고 아무리 보채도 자식의 환심을 사기보다는 자
식이 어떻게든 눈을 떠서 힘든 길일지라도 한 걸음씩
향상의 길을 꾸준히 나아가기를 바라는 자애의 마음
이 더 큰 거지요. 그래서 우리에게 군더더기 없이 단도
직입적으로 말씀하십니다. "얘야, 이 삶은 네가 아무리
부모 품에서 평안과 안정을 느끼고 세상의 여러 편의
와 행복을 다 누리더라도, 결국은 죽어야 하고 그 죽
음을 향해서 하루하루 나아가야 한다. 삶의 문제들은
사탕발림으로 속일 수 있는 게 아니다. 어리기 때문에
아직 말을 못 알아듣는다면 기다려주마. 그러나 철이
들면 내가 너에게 할 말은, 이 세상은 어쩔 수 없이 고
苦라는 것이다. 너는 어쩌다 재수 없어서 고통에 빠졌

고 남들은 팔자가 좋아서 행복하다고 생각하는데, 그게 아니다. 너나 남이나 그 누구나 간에, 스스로 가장 행복하다고 생각하는 사람마저도 실제로는 고의 존재로서 살고 있다. 이 고는 세상에서 사는 한 피할 길이 없다"라고요.

'고'를 다른 말로 '갈등'이라고 대체할 수도 있을 겁니다. 고의 세계는 갈등의 세계입니다. 이 세계는 구조상 갈등을 피할 수 없습니다. 우리가 어느 순간 아무리 행복하고, 행복을 놓치지 않겠다고 아무리 노력해도, 그것은 속절없이 사라져서 나중에 보면 즐거웠던 기억만 있을 뿐, 남은 것은 역시 고苦임을 확인하게 되는 게 엄연한 사실입니다. 아무리 입맛에 쓰고 원치 않더라도 피할 수 없습니다.

불교는 어떤 사람이 고를 이해할 만큼 정신적으로 성장했을 때 그에게 다가갈 수 있습니다. 그러다 보니 불교는 어린이 포교가 잘 안 돼요. 어린이 포교를 하다 보면 이건 기독교인지 불교인지 모호해져 버리기 마련입니다. 불교가 전제하는 첫 진리가 고의 가르침이기 때문입니다. 어린애들이나 행복의 꿈과 장밋빛 설계 속에 인생을 담으려고 하는 사람들에게는 불교가 다가가기 어렵습니다. 그래서 어린이 포교라는 측면에서는 불교가 계속 불리할 수밖에 없습니다. 그러나 어느 종교를 믿고 자랐든 생의 고를 직시할 만큼 성장하고 성숙한 시점에는 불교가 어느덧 자기 옆에 와 있음을 발견할 것입니다. 성숙한 만큼 고를 이해할 수 있다는 것은 이 세계가 구조적으로 고라는 진리를 다른 측면에서 암시한다고 할 수 있습니다.

고苦의 원인

그러면 왜 고이며 고일 수밖에 없는가? 세상에는 기쁨도 많고 도저히 '고'라고는 볼 수 없는 측면도 많은 것 같은데, 부처님께서는 어째서 단정적으로 '고'라고 하셨는가? 부처님은 '그냥 믿어라' 하시는 분이 아니므로 충분한 해명이 따를 수밖에 없습니다. 사람들이 확인하려는 욕구가 얼마나 강한데, 부처님 권위로 '고'라고 선언해 놓았다고 해서 통할 리가 있나요? 그래서 '고'의 선언에 대한 해명이 따로 있습니다.

바로 집성제集聖諦입니다. 그래서 고성제 다음에 집성제가 뒤따르지요. 집성제는 고의 해명으로서 고의

원인과 발생 과정을 설명합니다. 그 설명 체계가 연기
법緣起法입니다. 우리가 잘 아는 십이연기도 있고 구연
기, 팔연기 등 여러 가지로 연기를 가르치고 있는데, 십
이연기는 연기법의 가장 완성된 형태라고 할 수 있습
니다. 연기緣起란 이 세상이 어떻게 고일 수밖에 없는
가를 체득을 통해서 증명하도록 유도하는 체계라고
이해할 수 있겠습니다.

   십이연기 첫머리에 무명無明이 나옵니다. 무명은 고
가 발생하는 가장 깊은 원인입니다. 첫 말씀부터 우리
를 몽둥이로 내리칩니다. '무명 존재들이다, 그래서 고
통이다.' 어쩌고저쩌고 아는 체해도 기본적으로 무명
이다. 즉 애당초 시발부터 잘못되어 있다는 이야기입니
다. 우리가 무명 속에 있고 우리 자신이 무명 존재이므
로 '고'라는 말씀입니다.

무명이 있으면 그다음으로 행行이 있습니다. 그러니 행은 고통을 발생시키는 2차 원인이라고 하겠습니다. 행은 끊임없는 맹목적인 충동, 어떤 에너지 운동입니다. 행은 '간다'는 말이고, '행동行動'과 연결되니 '가고 움직인다'는 뜻이지요. 한자로 천류遷流라는 말로도 표현했지요. 변천하면서 흐른다. 그러니까 행은 맹목적이고 끊임없이 변해가고 흐르는 움직임입니다. '제행무상諸行無常'이라고 할 때는 모든 정신적, 물질적 에너지 운동과 충동이 무상하게 흐른다는 뜻입니다. 이 사바세계가 제행이니, 그 행으로 인해 고의 과정이 진행된다는 것이지요. 즉 고해苦海이지요. 이 행은 십이연기 중 유일하게 복수로 표현됩니다. 제행諸行이지요.

다음으로 행이 있으면 식識이 일어납니다. 식은 여러 가지 행 가운데 하나입니다. 식은 무언가 분별하는 작용입니다. 보통 '분별식'이라는 말을 쓰지요. 그 분별이란 지혜로운 분별이 아니라 '나누어 이해하고, 대립시켜서 이해하고, 다른 무언가에 비추어서 이해하고, 무엇과의 상대적 관계 속에서 이해하는' 인식 작용입니다. 그래서 있는 그대로를 바로 알아차리지 못합니다. 식은 반드시 아我와 타他를 나누어 사물을 이해합니다. 식으로 사물을 보면 아와 타, 나와 남이 생겨납니다. 나와 남이 있으면 내 것과 남의 것도 있게 됩니다. 나의 것, 남의 것이 있다면 거기에는 반드시 좋은 것 나쁜 것, 갖고 싶은 것 버리고 싶은 것이 나뉩니다. 고요하지 못하고 헐떡거리고 동하는 상태가 행인데, 그 행이 있으면 반드시 나와 남을 구별하면서 모든 갈등을 야기할 소지이자 기본 동인인 식이 있게 된다는 말입니다.

다음으로 식이 있으면 명색名色이 발생합니다. 명색은 말 그대로 이름과 형상입니다. 흔히 색色은 물질적 세계이고 명名은 정신적 세계라고 이해하지만, 이는 조금 무리한 해석일 수 있습니다. 정신과 물질이 그런 식으로 구분되는 것만은 아니기 때문이지요. 오히려 눈에 보이는 세계와 눈에 보이지 않는 세계로 이해하는 편이 쉽지 않을까요. 이때 눈은 물론 육안肉眼만을 의미하지 않겠지요. 명은 이름뿐이니까 눈에 보일 수 없습니다. 오관으로 감지될 수는 없지만 분명히 존재하는 세계입니다. 우리가 무언가를 사유하고 상상하는 것은 다 이름의 조작입니다. 좀 더 발전하면 명은 정신 세계가 될 수 있지요. 색色은 형상이란 뜻이 있습니다. 형상이 있다는 말은 빛이 있다는 뜻인데, 빛은 그 차이로 형체를 드러냅니다. 똑같은 빛 속에서는 아무 형상이 없습니다. 빛의 차이, 밀도의 차이라든가 색깔의 차이, 성질의 차이, 강도의 차이 등이 있어야 우리가 어떤 형상을 느낄 수 있습니다. 형상의 세계란 빛 에너지가 우리 눈에 차이 있게 느껴지게 하는 세계를 말합니다. 그래서 명색은 우리가 경험하는 바, 지각되거나 지각되지 않는 세계를 아우르는 말입니다. 명색은 행과 식의 갈등 유발 에너지가 만들어내는 세계이고, 그 또한 고의 생성 과정입니다.

명색이 있으면 그다음에 육입六入이 있습니다. 안眼·이耳·비鼻·설舌·신身·의意의 감각기관이지요. 이 기관이 우리가 경험하는 세계를 규정하고, 더 나아가 이런 차원의 세계를 연출해냅니다. 육입을 통해 다차원 우주에서 우리 세계의 차원이 생성되는 것이지요. 결국 육입은 인간이 겪는 온갖 형태의 고의 세계를 만들어내는 기제라고 하겠습니다. 육입 외에도 육처六處라는 역어도 많이 쓰입니다.

명색과 육입이 있으면 촉觸이 일어나기 마련입니다.
감각기관과 감각 대상이 결합하여 감각작용이 일어나
는 과정입니다. 그래서 소리를 듣고, 형상을 보고, 감
촉을 느끼게 됩니다. 좀 더 구체적으로 말하면 식과 육
입과 대상이 만날 때 촉이 이루어집니다.

촉이 이루어지면 다음으로 수受가 발생합니다. 좋
다, 나쁘다 하는 느낌이 생겨나는 것입니다.

수가 있으면 애愛가 있게 됩니다. 갖고 싶고 버리고
싶은 갈애, 갈망, 욕망을 말합니다. 좋은 것은 갖고 싶
고, 나쁜 것은 피하고 싶은 것이 애입니다. 애증愛憎으
로 이해할 수도 있습니다. 그런데 애 가운데 가장 의미

깊은 애는 존재애存在愛, 즉 존재하고 싶어 하는 애라고 합니다.

애가 있으면 취取가 있게 됩니다. 갖고서 놓치고 싶지 않은 아주 강렬한 마음, 어떤 일이 있어도 꼭 붙들고 싶은 마음, 이걸 취라고 합니다.

취가 있으면 마침내 존재[有]가 있게 됩니다. 존재가 있으면 태어남[生]이 있게 됩니다. 태어남이 있으면 늙음과 죽음[老死] 등 각종 고통이 발생하게 됩니다.

이로써 고통이 발생하는 원인과 과정이 연기법으로 설명되었습니다. 그것이 집성제입니다. 이 세상이 왜 고인지, 왜 고일 수밖에 없는지, 나아가 부처님같이 깨달으신 분이 보기에 이 세상의 실상이 어떠한지를 연기법으로 체계적으로 보여주셨습니다. 이상은 연기는 십이연기를 말한다는 인식에서 서술한 것이고 경에는 애와 무명만을 드는 경우도 있습니다.

고苦의 소멸

그러면 고의 세계를 벗어날 수 있는가? 십이연기에 받침해서 우리 인식이 고성제를 받아들이고 나면, 자연히 연기에 의해 발생한 고의 세계를 넘어선 세계가 있느냐 없느냐 하는 의문에 도달합니다. 그 의문에 대한 부처님의 해답이 멸성제滅聖諦입니다. 당신이 깨달으시고 보니까 이 세상은 구조적으로 고인데, 하지만 동시에 이런 '구조적 고'가 사라질 가능성도 열려 있다는 점을 분명히 하십니다. 고가 사라진 경계라 할까, 경지라 할까, 혹은 '그곳'이라 할까, 그것을 부처님이 스스로 경험으로 체득하시고 우리에게 그것이 있음을, 고의 소멸[滅]이 가능함을 선언하십니다. 그것을 멸성제滅聖諦라고 해서 세 번째 항에 두었습니다.

그것은 우리가 말하는 '열반의 소식'이지요. 그런데 열반이 무엇인지 알기가 너무 어려워서, 심지어 불교 일부에서는 죽음이 열반처럼 되어버린 경향도 있습니다. 그렇게 알기 어려운 경지이지만, 열반의 소식만큼은 부처님이 우리에게 주시고자 한 선물의 핵심입니다. 그에 비하면 고나 고의 원인은 열반의 메시지를 우리에게 주시기 위한 부대시설에 불과하다고 할 수도 있습니다.

우리는 무명으로 인해 무명세계의 존재로 태어나 무명 중생으로 살아가고 있습니다. 그렇다고 무명으로 태어났으니 무명으로 시종하라는 것은 아니잖아요. 여러분, 무명無明이라는 말을 보세요. 십이연기에서 다른 말은 모두 적극적인 용어를 쓰면서, 왜 무명에는 '무'를 붙여서 부정적인 용어로 표현했을까요? 예를 들면 갈애라든지 집착이라든지 다 고유의 독특한 뜻을 지닌 적극적인 개념인데, 왜 무명은 '아니 무無' 자를 붙여서 '명이 아니다'라고 했을까요. 이상하지 않아요?

거기에는 '무명'이 '명'을 전제로 한다는 뜻이 담겨 있습니다. 따라서 '무명으로 인해서 십이연기가 일어난다'는 말은, 어느 날 '무명無明의 무無가 떨어져나가고 명明이 되면 십이연기도 없어진다' 하는 이야기입니다. 우리 중생은 무명으로 인해 고통을 겪고 있지만 언젠가는 고통을 깨고 명을 누리게끔 되어 있다는 것입니다. 무명은 명을 전제로 하기에, '무가 걷혀서 명이 나타나는 것은 시간문제다' 하는 암시도 깔린 겁니다. 그래서 '고와 고의 멸을 이해하면 고를 멸하고 열반에 드

는 것은 시간문제'라는 희망에 찬 소식을 얻게 되는 것
입니다.

고苦의 멸에 이르는 길

마지막으로 고의 소멸, 즉 열반에 이르는 길이 도성제道聖諦입니다. 그 길은 바로 팔정도, 즉 여덟 갈래로 이루어진 실천도입니다. 팔정도는 바른 견해[正見], 바른 사유[正思], 바른 말[正語], 바른 행위[正業], 바른 생계[正命], 바른 노력[正精進], 바른 마음챙김[正念], 바른 집중[正定]으로 구성되어 있습니다. 먼저 실천의 기초 단계인 바른 말부터 간단히 짚어나가겠습니다.

바른 말, 정어正語는 '바르게 말하라'는 겁니다. 복잡한 이야기가 아니고 우리 문화에서도 많이 배우고 있는 거예요. 말을 정확한 뜻으로 점잖게 품위 있고 적

절하게 하면 바른 말입니다. 그다음으로 바른 행위, 정업正業입니다. 도적질 등 나쁜 짓을 안 하면서, 몸가짐과 행동을 유연하고 여유 있고 반듯하게 하면 바른 행위입니다. 바른 생계, 정명正命은 올바른 생활수단 또는 올바른 삶을 영위하는 것입니다. 살생 따위의 나쁜 짓을 돕는 직업을 갖지 않고, 가능한 한 간소하고 단순하게 살면 바른 생계입니다.

바른 말, 바른 행위, 바른 생계를 실천하려면 생각이 올발라야 합니다. 그것이 바른 사유, 정사正思이지요. 탐욕스런 생각, 잔인한 생각을 버리고, 자애와 연민을 겸비한 자비로운 생각, 나 자신에 대해서도 기쁨을 누리고 타인에 대해서도 기쁨을 공유하는 생각을 가지면 바른 사유입니다.

이처럼 바른 말, 바른 행위, 바른 생계, 바른 사유가 되기 위해서는 바른 견해가 있어야 합니다. '이 세상은 고해다. 지혜가 부족하여 식識과 상想과 수受 같은 것들이 어울려 놀아나서 고해가 생겨난다. 그 고苦 속에서 나도 고생하고 저 상대도 고생하고 있다. 그러나 다행히도 이 세상의 심층 본질은 고가 아니고 해탈·열반이다. 따라서 우리가 무슨 벌을 받아 고를 겪고 있는게 아니고 오히려 고에 떠밀려서 저 해탈·열반으로 나아가도록 이 세상이 우리를 이끌어주고 있는 것이다. 괴로움의 현장은 대단히 원망스럽지만, 나를 괴롭히는 저 사람도 실제로는 나태하고 방일해지는 내 마음을 추스르라고, 내가 해탈·열반으로 나아가도록 방향을 잡으라고 도와주는 역행보살이다.' 이렇게 보면 얼마나 이 세상이 긍정할 만합니까. 긍정할 만한 가치가 충분합니다. '명색은 거짓이고, 열반은 진실이다' 하는 확신만 가지면 바른 견해가 됩니다.

  이처럼 바른 견해, 바른 사유, 바른 말, 바른 행위,
바른 생계를 간단없이 되돌아보고 추스르도록 자기
점검을 해나가는 게 바른 노력, 정정진正精進입니다. 이
렇게 정진을 계속해 나가면 어느 정도 주변 정돈이 되
고 마음이 안정되면서 본격적으로 향상의 길로 나아
갈 준비가 됩니다. 본격적인 향상 수행이 바른 마음챙
김, 바른 집중입니다.

  팔정도라는 길이 이미 제시된 이상 우리는 그렇게
불행한 존재가 아닙니다. 부처님은 스승도 없었어요.
당신이 직접 찾아야 했어요. 이 고생 저 고생 별별 시
행착오를 다 해볼 수밖에 없었지만, 우리는 부처님이
주신 안전한 길을 걷고 있는 대단히 행복한 존재들입

니다. 여러분은 '팔정도를 내 것으로 삼아서 항상, 단일 초라도 팔정도에서는 벗어나지 않겠다' 하는 요 마음을 딱 챙기세요. 그게 바른 마음챙김, 정념正念입니다. 그리고 이 일곱 가지가 대단히 충실하게 서로 잘 짜여서 긍정적 기능을 완벽하게 연출할 만큼 되면 바른 집중, 정정正定이 됩니다.

'이 여덟 가지 바른 실천도를 꾸준히 닦아 나아가노라면 공부가 익고, 공부가 익으면 사람이 익고, 사람이 익으면 마침내 구조적 고를 겪을 수밖에 없는 존재로부터 해탈을 얻을 수도 있다. 아니, 얻을 수도 있는 게 아니라 반드시 얻게 된다. 그것이 도道이다.' 이러한 내용을 부처님은 팔정도로 정리하여 우리에게 선물하신 것입니다.

고성제, 집성제, 멸성제, 도성제의 네 가지 성스러운 진리에 대해 훗날 학자들은 이런 식으로 비유했습니다. '어떤 병자가 병을 고치기 위해 병원에 갔다. 그러면 의사가 우선 그 병을 진단한다. 무슨 병이냐를 알기 위해 어디가 아픈가부터 파악해야 한다. 다음에 병의 원인을 추적한다. 어디에 연유해서 일어난 병인가? 유전병인가, 습관으로 인한 것인가, 환경으로 인한 것인가 또는 행동의 잘못에 의한 것인가? 그렇게 병의 원인을 추적할 것이다. 이렇게 그 사람의 체질과 원인을 정확하게 파악하고서는 병에 대한 치유방법을 찾는다. 처방이 나오면 그 처방에 따라 약도 짓고 다른 여러 노력을 해서 병을 고치게 된다.' 이 비유가 말하는 바는 우리가 고통이라는 병의 환자라는 것입니다. 사바세계에 한 존재로 태어나 마음대로 안 되고 고통스럽고 피하고 싶은 많은 일에 부딪치는데, 그 고통의 병을 치유하기 위해 부처님의 사성제가 필요한 것입니다. 그래서 진단하는 것이 고성제이고, 그 원인을 추적하는 것이 집성제이고, 처방과 치유방법을 결정짓는 것이 멸성제이고, 실제 치료하는 노력이 도성제입니다.

왜 '열반' 아닌 '고'인가?

이렇게 사성제의 개요를 살펴보았습니다. 그런데 고, 집, 멸, 도 하나하나를 이해하면 사성제 전체를 이해한 것일까요? 보통 사성제라 하면 네 가지 각 항목에 잡혀버리는 경향이 있습니다. 고가 진리고, 고의 멸이 진리라고 생각은 하는데, '왜 고苦로 설명할까?'라든가, '왜 진리가 네 가지일까?'라든가, '왜 고 다음에 집, 그다음에 멸, 그다음에 도, 이런 순서로 되어 있을까?'에 대해서는 별로 신경을 안 씁니다. 오늘은 그 짜임새가 사성제를 이해하는 데 대단히 중요하다는 뜻에서 사성제의 구조에 대해서 말씀드려볼까 합니다.

우선 '왜 열반을 중심으로 하지 않고, 고를 중심으로 진리를 설명하셨을까?'를 생각해봅시다. 불교의 구경목표는 열반이잖아요. 그러면 '열반성제'라고 하면 일단 수월하게 끝나버린단 말이지요. '열반이라는 성스러운 진리'라고 하면 되겠지요. 그런데 왜 열반은 비추지도 않고 '고', '고의 집', '고의 멸', '고의 멸에 이르는 도' 이렇게 고를 축으로 진리 체계를 짜셨을까? '열반'이라는 말을 쓰지 않고 왜 '고의 멸'이라는 완곡한 표현으로 썼을까?

부처님은 한마디 말이라도 가볍게 쓰시는 법이 없습니다. 경에 나오는 그 많은 말씀이 어느 하나 가볍게 넘길 수 있는 게 없습니다. 참으로 '보시는 분'이요, '아시는 분'입니다. 정말 꿰뚫어 아시는 분입니다. 그렇게 용어를 면밀하게 쓰시는 분이 왜 열반으로 설명하지 않고 고로 설명하실까?

그것은 네 번째 열반에 이르는 길에 대해서는 부처님이 그렇게 상세히 반복해서 말씀하시면서, 세 번째 열반 자체에 대해서는 상세한 말씀을 하지 않는 것과도 연관되어 있을 것입니다. 그래서 저는 부처님이 열반이라는 말을 의도적으로 피했다고 봅니다. 왜 열반이라는 말을 피해야 했을까요?

우리 인간이라는 존재는 오취온五取蘊, 즉 오온에 대한 집착 덩어리지요. 색·수·상·행·식, 다섯 가지 집착의 덩어리가 바로 인간이라는 말입니다. 오취온에서 가장 중요한 핵심은 가운데 있는 상에 있습니다. '상想'은 빠알리어로는 '산냐sañña'입니다. 부처님은 '상'의 문제를 아주 체계적으로 다루시는데, 어떻게 하면 우리가 상을 멈출 수 있느냐가 핵심 과제입니다.

　욕계·색계·무색계의 삼계를 말씀하신 의도도 거기에 있습니다. 무색계가 바로 상의 세계거든요. 최고의 정定을 이루어 다가가는 그 세계가 기껏해야 상의 세계이고, 관념의 세계이고, 자기가 자기에게 속는 세계인 것입니다. 그러면 무색계에 올라가면 그다음에는 해탈·열반일까요? 이 부분에서 많이들 오해합니다. 욕계 위에 색계가 있고, 색계 위에 무색계가 있으니, 무색계에 올라가면 이제 열반밖에 안 남았다고 생각하기 쉽지요.

　무색계는 가장 높은 정定의 세계이지만, 그게 오히려 헤어나기 힘든 수렁입니다. 무색계에 빠지면 헤어나기 어렵다는 점을 불교에서는 시간의 상대성으로 설명합니다. 예를 들면, 색계의 하루는 욕계에 속한 인간계에서는 몇백 년이라든가 몇천 년에 해당하지요. 무색계의 하루라는 게 있다면 그 하루는 여기서는 몇천만 년일 수 있겠지요. 무슨 뜻이냐? 색계나 무색계에서 얼쩡거리다가는 부처님 법을 다시 만나는 건 하세월일 것입니다. 그곳 어디에서 몇 해, 지구상의 햇수로는 몇억 년을 지난 다음에 그때 지구가 있을지 없을지, 암흑시대를 만날지 부처 시대를 만날지는 보장이 없겠지요. 그러니 열반으로 간다는 목적에서 볼 때, '색계나 무색계의 정에 빠지는 건 참으로 경계해야 할 일이다. 거기 한 번 빠지면 길고 긴 윤회에 또 휩쓸리니, 어떡하든 욕계에 있을 동안 특히 인간계에 있을 동안 일을 끝내라, 죽더라도 욕계 안에서 맴돌지, 색계나 무색계에서 몸 받지 말라'는 것입니다. 이것은 통설은 아닙니다. 제가 보건대 틀림없이 그렇단 말이지요.

정定에 들어서 색계정을 체험하는 것과 색계의 몸을 받는 것은 전혀 다른 이야기입니다. 색계정에 집착해서 거기에 매달려 있다 보면 죽어서 그 몸을 받습니다. 취取가 있으면 유有가 있습니다. 그러니까 공부인은 그 '취'를 갖지 말라는 것입니다. 색계정이나 무색계정에 집착하는 것은 상오분결上五分結[1]의 첫머리 두 족쇄에서 지적하고 있지요. 참으로 공부인이 경계해야 될 일입니다.

보통 정定에 너무 집착해서 정을 이루려고 애쓰는

---

1 인간을 윤회로부터 벗어나지 못하도록 묶고 있는 열 가지 족쇄 *saṁyojana* 가운데 처음의 다섯[下五分結]은 ① 개아가 실존한다는 견해[有身見] ② 의심[疑] ③ 규준과 의식儀式에 대한 집착[戒禁取] ④ 감각적 욕구[欲貪] ⑤ 혐오[惡意]이고, 다음의 다섯[上五分結]은 ⑥ 색계 존재에 대한 욕구[色貪] ⑦ 무색계 존재에 대한 욕구[無色貪] ⑧ 자만[慢] ⑨ 들뜸[掉擧] ⑩ 무명無明이다.

데, 정을 내 것으로 만들려고 애쓰다 보면 집착이 몸에 배어버린단 말이지요. 간절하게 정을 추구하고 누리다가 눈을 감으면 그 집착 때문에 색계나 무색계 몸을 받습니다. 상想의 세계에서 노닐다 보면 열반의 인연은 멀어져 버립니다. 끔찍한 이야기지요. 정을 잘 누리고 활용하되 인간계에서 하라는 것입니다.

튼튼한 기초인 계부터 공부가 잡히지 않은 사람이 정을 서두르다가 뭘 좀 본 다음에는 고칠 길이 없어요. 그 집착, 그 강한 아집을 벗기 힘들어요. 그러니 이 공부는 서두르는 마음을 가지면 안 됩니다. 생각해보세요. 이 몸 받기 전에도 수천수만 생의 몸을 받아왔는데, 그 수십억 겁을 법을 모르고도 살아왔는데, 금생에 갑자기 무슨 급할 일이 있어요? 이제 법 만난 것, 정확하고 확실하게 단 한 걸음이라도 내디딜 수 있게 된 것을 오히려 뿌듯하게 감사해야 합니다.

공부가 어떻게 단번에 되겠어요. 그건 공부가 아니지요. 그것은 뭔가에 취한 것과 조금도 차이가 없지요. 사람이 공부 덩어리인데, 아이가 어떻게 단번에 어른이 되고 노인이 되겠어요? 애들 보고 '너 이렇게 하면 단번에 공자 되고 석가 된다' 하는 것은 속된 말로 '애들 꼬시는 말'인 겁니다. 말법 시대가 될수록 이런 현상이 도처에 성합니다. 그럴 때일수록 정신을 바짝 차리고 급한 마음을 억누르고 부처님의 법을 면밀하게 살펴 들어가는 침착한 태도가 필요합니다.

바로 그런 점에서 열반을 '고의 멸'이라고 표현한 이유가 이해될 수 있습니다. '열반이 최고의 궁극적 진리다'라고 하면, 수행 실천을 통해서 차근차근 열반으로 나아가기보다는, 저 높은 시렁 위에다가 열반을 모셔버리고 맙니다. 산냐[想]라는 게 그런 작용을 하지요. 뭔가를 접하는 순간에 관념화시켜버려요. 관념화한 것은 벌써 나로부터 멀리 유리되어버립니다. 좋은 무언가를 관념화해버리면 그것은 나로부터 너무 멀어져 버립니다. 그래서 열반을 강조하면 사람들은 열반이라는 관념에 사로잡혀 버립니다. 사로잡힌 순간, 관념화된 열반은 이미 나의 실천 대상이 아닙니다. 흠모, 모방, 동경의 대상이 되어버립니다. 그런 점에서 부처님이 '열반'이라는 말을 피하면서 '고'라는 말로써 진리를 표현하셨고, 그것도 하나로 집약하지 않고 고, 고의 집, 고의 멸, 고의 멸에 이르는 길 등 네 가지씩이나 열거했다는 사실은 대단히 특별한 의미가 있어 보입니다. 진리가 하나라야지, 왜 넷씩이나 장황하게 늘어놓는가? 그것은 부처님의 배려입니다. 열반이라는 말을

빼고 고의 멸이라는 말로 대체함으로써 그리고 진리를
네 가지로 보임으로써 관념화를 배제하도록 최선의 배
려를 하신 것입니다.

순서의 짜임새

다음으로 네 가지 진리의 순서를 돌아볼 수 있어요. 왜 부처님은 고의 멸, 즉 '열반'을 바로 말씀하시지 않고 '고'와 '고의 집'을 먼저 말씀하셨을까요? 우리는 보통 처음이나 끝을 중요시하지요. 열반이 제일 중요하다면 처음에 오거나 끝에 가야 할 텐데 사성제 각 항목의 순서는 그렇지 않습니다. 앞서 말했듯이 고의 멸이 세 번째에 어중간하게 자리하고 있는 것은 강조하기보다는 오히려 약화시키는 흔적으로 보입니다.

일반적으로 볼 때 사성제의 중심은 '도'라고 생각합니다. 그래서 '도'가 맨 끝에 있다고 이해할 수 있습니다. 그런데 그것이 뭘 의미하는가? 그걸 생각해보려면 처음으로 가야 합니다.

'고苦'. 우리에게 '고'가 없다면 이 세상에 파묻혀서 오욕락을 즐기기에 분주하다가 끝나버리겠지요. 고가 없다면 뭣 때문에 그 좋기만 한 오욕락을 다 놔두고 수행을 하려고 하겠어요?

이 사바세계에서는 '고'가 진리에 대한 갈증을 느끼도록 만드는 유일한 장치입니다. 고가 없으면 사람이 도저히 사람다워지질 않지요. 가난의 고, 늙음의 고, 죽음의 고, 인간관계 갈등의 고 등 별의별 고를 겪어야 사람이 비로소 고로부터 벗어날 궁리를 하기 시작한다, 이 말입니다. 벗어날 궁리를 하니까 그때부터 공부가 시작되는 것입니다. 그래서 고가 시발점으로 중요

합니다. [2]

〈고요한소리〉 회원 중에 한 분이 언젠가 '문제는 고야. 고를 얼마나 이해하느냐에 달린 거야. 그게 근간 같아'라고 이야기하는 것을 듣고 내가 얼마나 흐뭇했는지 모릅니다. 요체가 고라는 것, 정말 고에 대한 깊은 이해가 필요하다는 것 그리고 이 세상을 고苦로 관찰하는 훈련이 중요하다는 것을 명심할 필요가 있습니다. 고의 성찰은 말할 수 없이 중요합니다.

그런데 '고苦'라는 말을 이해하는 데 있어서, 공식적으로 말하는 세 가지 고, 즉 고고성苦苦性, 행고성行苦性, 괴고성壞苦性 [3]을 교과서식으로 이해하는 데 그치

---

2 《상응부》〈인연상응〉 23경 〈우빠니사 숫따〉 참조.

지 말고 좀 더 생각해 볼 필요가 있습니다. 고는 부처님이 해탈·열반을 이루고서 이 세계의 실상을 보신 후 우리 중생에게 해주신 현실 고발입니다.

우리가 꼭 잊지 않아야 할 것은 '일체의 행복이나 즐거움, 기쁨의 종착점은 고다. 그래서 반드시 고로 돌아가고 만다'는 사실입니다. 저는 구조적인 고라는 말을 가끔 씁니다. 무슨 우연한 고나 일시적인 고가 아니다, 고는 구조적으로 피할 수 없고, 그래서 우리 존재가 본질적으로 고존苦存이라는 말입니다. 이러한 인식이 있어야 고로부터 벗어나려는 바른 공부가 시작되기

---

3 "세 가지 고가 있느니라." 부처님께서 말씀하셨다. "마음과 몸에 본유하는 고[dukkha-dukkhatā 苦苦性], 집성체集成體들의 고[saṅkhāra-dukkhatā 行苦性], 변이變異의 고[vipariṇāma-dukkhatā 壞苦性]가 그들이니라."《장부》33경, 3권 216쪽.

에 맨 처음에 있게 된 것입니다. '고'라고 현실 고발을 하고서 고의 연유를 상세히 설명하신 대목이 십이연기입니다. 현실이 고라면, 다음으로 고가 왜 발생하는가를 설명하는 것은 합리적입니다. 이렇게 해서 사성제의 전반은 고라는 현실과 그 발생 과정을 보여줍니다.

사성제의 후반은 고라는 현실로부터 벗어남에 관한 소식입니다. 세 번째 멸성제는 '이러한 구조적인 고라도 벗어날 수 있다'는 희망의 선언입니다. '여기 고의 멸이 있으니 이리 오라'는 메시지를 전하고 싶으신 것입니다. 바로 멸성제 때문에 차안此岸에서 고에 시달리는 우리에게 저 피안彼岸으로 건너가는 것이 삶의 목적이 되었습니다. 당신이 직접 벗어난 경험을 토대로 인류 모두에게 갈 길을 보여주셨습니다. 그렇다면 '어떻게 피안으로 갈 수 있느냐?'만이 남은 문제입니다.

이렇게 고, 집, 멸의 순서상 논리를 이해하면 도가 뒤에 오는 것이 당연해집니다. 그때부터는 이 팔정도 길을 실제로 걸어 나아가는 행위가 중요해집니다. 이렇게 해서 불교의 진리가 팔정도로 종결됩니다.

'고'로부터 시작하여 '고의 소멸에 이르는 길'에 이르는 합리적 순서 때문에 열반은 시렁 위에 높게 올려놓은 목표가 아니라 인간 누구나가 손을 뻗쳐 잡을 수 있는 목표가 되었습니다. 팔정도는 저 높은 곳에 있는 이상이 아니라 바로 일상생활이라는 점을 분명히 할 필요가 있습니다. 우리는 한자 문화권에 태어났기 때문에 '도인道人'이라는 말을 상당히 많이 접하지요. '도인' 하면 '일을 해 마친 사람' 정도로 생각하는데, 이는 도인이라는 말이 남용되고 신비화된 결과입니다. 이때 도는 역시 관념화된 것입니다. 도가 관념의 길이 되어버리면 정말 구제 불능이지요. 길이 구체적이지 않으면 우리가 의지할 수가 없습니다. 구체적인 길로서 팔정도는 바로 우리의 일상생활입니다. 불교에서 도인 이란 말이 있다면 그것은 '팔정도라는 일상적 길을 걷는 사람'이라야 할 것이라고 저는 생각합니다.

예를 들면, 바른 말이란 바르게 말하고 나쁜 말 피하는 것인데, 그것이 무슨 시렁 위에 올려놓고 신비화시킬 것입니까? 우리가 일상생활에서 아침저녁으로 부딪히는 현실 아닙니까? 내가 말을 부드럽고 편하고 듣기 좋게 하면 일이 수월하게 전개되고, 내가 어쩌다 성이 나서 말을 좀 모나게 하면 상대도 괴롭고 나도 괴롭지요. 더욱이나 거짓말이라도 끼어들게 되면 이 참 난감해집니다. 거짓말이 탄로 나지 않게 하려고 이중삼중으로 거짓말을 또 해야 되고, 그게 잘 꿰어 맞으려면 이 사람한테 이 말 하고 저 사람한테는 저 말 하게 되니까, 얼마나 피곤한 일입니까? '하지 말라' 하는 게 아니에요. '거짓말하지 말라'가 아니라 '거짓말로부터 몸을 빼라, 물러서라', '거짓말 근처에 가지 말라'는 말씀입니다. 그렇게 말을 챙기고, 행동을 챙기고, 삶을 챙기고, 생각을 챙기고, 나아가 견해를 바로 챙겨라. '정진精進, 정진' 하는데, 유별난 호들갑 떠는 정진을 하지 말고, 차분한 일상적 정진을 하라는 말씀입니다. 그래서 자신의 주변을 서서히 가라앉히고 정화시키라는 뜻입니다.

팔정도를 걷는 데 있어 가장 중요한 덕목이 고요입니다. 마음이 들떠서 무슨 바른 길이 가능하겠습니까. 그래서 어떻게든지 마음을 고요한 상태로 유지하려니까 그러한 목적에 알맞은 공부가 필요해지는데, 그게 바로 바른 마음챙김, 정념 공부입니다. 이 마음은 마치 야생 코끼리처럼 숲속을 헤매고 돌아다니는데 그걸 붙잡아다가 튼튼한 기둥에 매어서 도망가지 못하도록 해라. 그러나 이 코끼리가 원체 힘이 세서 어떤 끈으로 묶어도 또 도망가고, 또 도망가 버린다. 그러면 그때마다 천 번 만 번이라도 계속 붙잡아 갖다 매라. 그러다 보면 코끼리는 지치고 내가 붙들어 매는 끈은 조금씩 더 강해진다. 마침내는 야생 코끼리 같은 이 마음을 잡아매게 되는데, 그 붙들어 매는 데가 어디냐? 부처님은 이 몸, 바로 숨 쉬고 밥 먹고 걷고 일하는 이 몸에다 마음을 매라고 하셨습니다. 이것이 부처님께서 제시하신 '길'의 비결입니다.

결국 '고苦'로부터 시작하여 '도道'로 맺어지는 사성제의 순서는 도의 길이 우리의 일상적 삶에서 시작된다는 구체적 상황을 얘기함으로써 고로부터 벗어나는 그 길도 우리의 일상생활에서 찾으라는 의미가 담겨 있습니다. 신비화, 우상화, 서두름, 공부 길의 다양한 유혹 등 각종 샛길에 빠지지 않도록, '지금·여기'에서 출발해서 나아가도록, 바른 길로 나아가도록 하는 장치인 사성제 순서의 짜임새 속에 담겨 있는 것입니다.

일상 수행의 구체적 과정 속에서도 사성제의 순서가 절묘한 역할을 하고 있습니다. 멸성제는 고성제와 대칭 관계에 있습니다. 집성제를 중심으로 해서 십이 연기 순서대로 이를 순관順觀하면 고로 귀결되는 고성제가 되고, 십이연기, 즉 집성제를 중심으로 해서 '무명이 없으면 행이 없고……' 라는 식으로 부정적인 면에서 역순으로 또는 역관逆觀하면 열반에 이르는 멸성제가 됩니다. 그렇게 보면 집성제를 중심으로 고성제와 멸성제가 대칭 관계에 있는 셈이 됩니다. 다시 말해 우리는 십이연기의 순관을 통해 고성제의 진리성을 확인하게 되고 반면 십이연기의 역관을 통해서는 멸성제의 진리성을 알게 되기 때문입니다.

하지만 이 순·역관에는 또 다른 문제가 내포되어 있습니다. 식이 없으려면 행이 없어야 하고, 행이 없으려면 무명이 없어야 하며 한편 확연히 식이 없어지기 전에는 열반에 도달할 수가 없습니다. 그런데 '무명이 없어야 행과 식이 없을 수 있다'는 논리가 되는 셈인데 내가 지금 식 놀음을 하면서 '식이 없어져야 한다'고 말하면 모순밖에 안 되지요. 식으로써 식이 없어져야 한다고 말하고 있는 셈이니까. 결국 멸성제가 진리라는 것이 추측은 되는데, 추측은 진리의 길이 될 수 없으므로 '가봐야 안다'는 얘기가 됩니다. 이렇게 하여 '지식을 넘어 실제로 가야 한다'는 실천도에 대해 마음의 준비가 일어납니다. 이는 '알음알이를 초극하는 노력을 하지 않으면 안 된다'는 결단을 강요받는 상황이 됩니다. 이것이 십이연기 역관이 제기하는 요청 사항입니다. 즉 멸이 있다는 부처님 말씀에는 신뢰가 가는데, 그걸 누리기 위해서는 결국 내가 지금 하고 있는 알음알이 놀음을 중단하는 길 외에는 행이 없고, 무명이 없는 그 세계에 도달할 수 없다는 것이 논리적으로 당연한 귀결입니다. 그런 노력이 없으면 알음알이 놀음에서 한 걸음도 벗어날 수 없습니다.

그런데 다행히 고성제와 집성제를 통해서 우리에게 충분한 확신을 주신 다음에 멸성제로 가능성의 제공과 동시에 결단 촉구를 해주시기에, 우리는 마지막의 도성제를 스스로 밟아보려는 결심을 할 수 있게끔 됩니다. 알음알이로 십이연기의 끝까지 갈 수 없으니, 즉 무명이 없어지는 데까지 이를 수 없으니, '무명을 없애려면 어떤 본격적인 노력을 해야 하는구나.' 짐작하게 되고, '그러면 어떻게 하면 됩니까?' 하고 묻게 됩니다.

그 대답으로 도성제가 주어집니다. '팔정도를 닦아라. 팔정도를 닦으면 멸에 도달한다. 팔정도는 멸에 도달하는 유일한 길이다. 앞서 고성제, 집성제, 멸성제를 진정으로 붙잡고 생각하고 씨름했다면, 지금부터는 도성제를 진지한 자세로 착수할 수 있을 것이다.' 이렇게 바른 실천으로 이끄는 장치가 간단한 네 마디 구조 속에 다 담겨 있습니다. 사성제의 순서는 우리로 하여금 바른 실천도, 팔정도의 실 수행으로 이끄는 구조를 갖고 있다고 하겠습니다.

구조의 진리성

사성제가 '고'를 중심으로 짜였다고 해서 '고苦만이 절대 진리다'라고 말하기는 곤란합니다. 왜 하필 '고'만이 진리라야 하는가? 경에는 고의 자리에 다른 말이 대신하는 경우가 많이 나옵니다. 예를 들면, 우리가 '번뇌' 혹은 '루漏'라고 번역하는 '아아사와*āsava*'라는 말이 있습니다. 아아사와는 고의 자리에 대신 쓰기도 하니까, 고·집·멸·도 대신에 '아아사와, 아아사와의 일어남, 아아사와의 멸함, 아아사와의 멸에 이르는 길' 이런 식으로 나온다 말입니다.

그러므로 고 자체가 중요하다기보다는, 법의 체계

로서 사성제의 구조가 더 중요하다고 할 수 있습니다. '이것이다. 이것이 왜 있느냐. 이것은 멸해진다. 그 멸을 이루려면 어떻게 해야 하느냐' 하는 구조가 더 중요하다는 말입니다. 거기에 고를 넣을 수도 있고, 아아사와를 넣을 수도 있고, 십이연기의 각 항목을 넣을 수가 있겠지요. 예컨대 '이것이 집착이다. 이것이 집착의 일어남이다. 이것이 집착의 멸이다. 이것이 집착의 멸에 이르는 길이다'라고 해도 되는 것입니다. 즉 그러한 구도가 만고불변의 진리입니다. 그래서 사성제입니다.

부처님께서 고를 강조하신 것은 중생을 위한 배려입니다. 왜? 우리 중생이 조석으로 경험하는 게 고니까요. 그래서 우리가 쉽게 접근하도록 고를 들고, 고의 멸로 열반을 설명하신 것이지요. 하지만 열반은 고의 멸 뿐만이 아닙니다. 열반은 윤회의 멸이고, 존재의 멸이고, 낙樂의 멸이고, 제행의 멸, 말하자면 일체 법의 멸입니다.

그러한 관점에서 여러분, 집에 돌아가시면《사성제》《고요한소리》, 법륜 15)를 다시 한번 읽으세요. 너무 '고'만 쳐다보지 말고 사성제의 구조 자체에 관심을 가지고 읽어보세요. 그러면 부처님의 가르침, 즉 법에 대한 우리의 이해가 한 걸음 성큼 나아갈 것입니다.

법法과 도道의 양축

사성제 짜임새의 백미는 전반과 후반의 호응 관계에 있습니다. 앞과 뒤가 두 기둥으로서 사성제를 뒷받침한다는 뜻입니다. 이러한 분석은 제가 한 게 아니고, 《숫따니빠아따》 제3장 12경에 나오는 말씀입니다. '고와 고의 집이 하나 그리고 고의 멸과 고의 멸에 이르는 길이 다른 하나, 이렇게 두 가지로 사성제를 봐야 한다'는 말씀이 〈두 가지 관찰[隨觀]〉이라는 경에 실려 있습니다. 두 가지에서도 핵심은 각각의 뒤에 오는 집성제와 도성제입니다. 고와 고의 멸은 어떤 체험세계에 관한 것이고, 십이연기와 팔정도는 어떤 세계로 가는 길에 관한 것입니다. 우리는 의도하지 않았는데도 이미 고해에 와 있습니다. 그러니까 우리가 할 일의 관건은, 이 고해로부터 벗어나기 위해 내가 처한 상황을 어떻게 올바로 인식할 것인가와 이러한 인식에 입각해서 어떻게 노력할 것인가, 두 문제가 됩니다. 이 두 문제를 부처님은 십이연기와 팔정도로 해답해 주신 것입니다. 결국 부처님 가르침이 사성제라 하지만, 핵심은 두 축, 즉 연기법과 팔정도에 있습니다.

부처님 말씀을 눈여겨보면 법法이라는 말과 도道라는 말이 자주 함께 나오는 것을 알 수 있어요. 《상응부》라는 경은 빠알리 경 5부 니까야 중에서도 특히 부처님 생전에 설법하시던 모습이 가장 여실하고 생생하게 짤막짤막한 일화로 담겨져 있는 경인데, 이 경에 예컨대 '법을 알고 도를 얻었다'는 말이 나옵니다. 이 말이 무슨 뜻일까? 법이면 법 하나만 설하면 되지, 왜 도를 대칭적으로 설하실까? 여기에 부처님 가르침의 구조적 묘미가 있습니다.

십이연기는 법法, 곧 알아야 할 법입니다. 십이연기의 각 항목은 고를 설명하기 위한 언어들입니다. 부처님이 십이연기를 말씀하신 것은 '깨달음을 향해 나아가는 데 있어서 연기법의 여러 개념을 이해함으로써 고의 원인을 알라'는 뜻이거든요. 이것들은 부처님 지혜의 언어니까 알음알이로 이해하려 들지 말고, 그 깊은 뜻을 체득할 정도가 되어야 합니다. 우리가 알려고 노력하고 궁구하는 만큼 연기법은 조금씩 그 뜻을 드러낼 것이고, 우리가 연기법을 이해하는 만큼 우리의 공부는 나아지고 있는 것입니다.

반면 도道, 즉 팔정도는 얻어야 할 것이고 이루어야

할 것입니다. 도는 실천을 통해 해탈을 이루는 길이기 때문입니다. 그러므로 사성제 공부는 '법을 알고 도를 얻었다'는 말에 축약되어 있습니다. '연기법을 알고 팔정도를 얻음'은 불교 공부의 두 축이자 '해야 할 바'의 모든 것입니다.

그런데 사성제 체계의 놀라운 점은 법과 도가 서로 연결되어 있다는 사실입니다. 무명이 있기 때문에 십이연기가 전개되고, 무명이 없으면 십이연기도 멸합니다. 바로 그 무명을 없애려고 노력하는 것이 팔정도입니다.

더 구체적으로 들어가면, 십이연기의 역관과 팔정도가 직결되어 있다는 점을 알 수 있습니다. 이 몸 다시 안 받으려면 집착이 없어야 하고, 집착이 없으려면 애착이 없어야 하고, 애착이 없으려면 좋아하고 싫어하는 느낌이 없어야 하고, 좋아하고 싫어하는 게 없으려면 사물에 한눈파는 게 없어야 하겠고, 한눈파는 게 없으려면 육입 단속을 잘해야 합니다. 여기까지가 팔정도로 치자면 바른 사유, 바른 말, 바른 행위, 바른 생계입니다.

나아가 바른 노력, 바른 마음챙김의 힘으로 더 밀고 나가면 마침내 명색이 사라지고, 식이 사라지고, 행이 가라앉아서 무명이 깨어지는 것이지요. 팔정도로 말하자면 바른 마음챙김과 바른 집중을 통한 바른 견해의 완성인 것입니다. 십이연기와 팔정도는 서로 호응하고 있을 뿐 아니라, 십이연기와 팔정도가 그대로 하나입니다.

이처럼 법과 도를 양다리로 해서 사바의 고와, 사바

로부터 해탈된 열반을 모두 설명하는 구조가 사성제입니다. 얼마나 치밀하고 완벽한, 더할 나위 없는 지혜의 가르침입니까. 그처럼 치밀하고도 정교하게, 아주 절묘하게 이루어진 것이 사성제의 짜임새입니다. 이렇게 부처님 법은 정말 완벽하게 짜여 있기에 부처님이 설해 놓고서 '처음도 좋고, 중간도 좋고, 끝도 좋다'고 하신 것입니다. 덕분에 우리가 사성제를 통해 이 캄캄한 어둠 속에서도 빛을 볼 수 있고, 쓰러진 자를 부축해서 일으켜 세우는 부처님의 손길을 느낄 수 있습니다.

이렇듯 여러 측면에서 우리는 사성제의 구조적인 묘미를 맛볼 수 있고, 사성제가 얼마나 절묘하게 이루어져 있느냐를 알게 됩니다. 이러한 구조 때문에 네 가지 각각이 그 나름의 독특한 위치에서 나름의 기여를 하면서 그 모두가 모여서 불교라는 크나큰 가르침을 구성하고 있습니다.

사성제의 두 축을 놓고 볼 때 불교는 법과 도, 인식과 실천의 두 가지가 결합한 체계라는 점을 알 수 있습니다. 법을 알고 도를 얻는 것이 불교이기 때문이지요. 불교의 진리를 담고 있는 사성제가 법과 도로 짜여 있다는 것은 불교가 맹목적인 믿음의 요소와는 철저히 분리되어 있는 체계라는 말도 됩니다.

초기불교에 관한 한 '믿음'이라는 말 자체가 있는지 없는지조차 모호합니다. '삿다saddhā'라는 말을 한자로는 신信, 영어로는 신념[faith]이라고 번역하는데, 이 말의 뜻이 믿음일까요? 아닙니다. 삿다는 이 시대에 쓰는 믿음의 뜻과는 관계가 없고, '뭔가 스스로 점검하고 확인해서 마침내는 부동의 신념이 됐다'는 의미의 '이

지적 확신'을 뜻합니다.

　그렇게 볼 때 불교는 믿음의 체계가 아니라는 것이 분명합니다. 불교가 사성제를 통해 왜 이 세상이 고이고, 어떻게 벗어날 수 있는가를 입증하려고 노력하고 있는 것만 봐도, 불교가 얼마나 논리적이고 지적인 체계인지, 얼마나 사람들을 지적인 존재로 인식하고 대하는 가르침인지 분명합니다. 이천오백 년 전은 인류의 지성이 어느 수준인지 알 수 없을 만큼 까마득한 옛 시절입니다. 그런 시대에 부처님이 사성제를 통해 지혜와 관계된 논리 체계를 세우고 계신 것을 볼 때, 이 시대 우리가 하고 있는 지성의 활용은 과연 제대로 된 것인지 돌아보지 않을 수 없습니다.

부처님 고마운 이유

우리가 부처님을 찬탄하는 이유는 부처님이 사성제를 통해 열반이라는 일찍이 들어보지 못했던 전대미문의 반갑고 고맙기 한량없는 소식을 주셨기 때문이고 또한 누구나 올바로 납득하고 실제로 실천해서 그 소식을 구현할 수 있도록 시설해주셨기 때문입니다. 바로 그 점에서 부처님이고 또 그 때문에 우리가 이익을 누릴 수 있어서 부처님을 찬탄하여 마지않는 것입니다. 대단히 실리적 이야기이지만 사실이 그렇습니다. 으레 주실 것을 주신 것이면 왜 부처님을 찬탄하겠어요? 그야말로 크나큰 소식을 전해주셨습니다. 바로 열반의 소식입니다.

그리고 바른 현실 인식을 열어주셨습니다. 이 현실은 우리가 매일 그 속에서 사니까 가장 잘 안다고 생각하면서도 가장 모르고 있거든요. 부처님은 그 점을 일깨우셨습니다. '네가 살고 있는 그 현실이 바로 고苦'라고.

우리가 속아 살고 있다는 사실, 그 엄청난 속음을 깨우쳐주셨고, 고에 대해서는 납득할 수 있는 근거를 제시해 주셨고, 나아가 우리로서는 도저히 상상할 수도 추측할 수도 없는 절묘한 해탈의 경지, 열반의 경지를 증명해 주셨고, 해탈·열반에 대해서는 실천적으로 나아갈 수 있는 길을 열어주신 분이 바로 부처님입니다.

이것이 사성제를 통해 부처님이 우리에게 주신 선

물입니다. 여러분은 사성제의 진리 됨과 그 깊은 뜻을 되새기는 것이 부처님을 봉축하는 가장 뜻깊은 행위임을 항상 마음에 새기시기 바랍니다. ✷

━━━ 말한이 **활성** 스님

1938년 출생. 1975년 통도사 경봉 스님 문하에 출가.
통도사 극락암 아란야, 해인사, 봉암사, 태백산 동암, 축서사 등지에서
수행정진. 현재 지리산 토굴에서 정진 중. 〈고요한소리〉 회주

━━━ 엮은이 **김용호** 박사

1957년 출생. 전 성공회대학교 문화대학원 교수 (문화비평, 문화철학).
〈고요한소리〉 이사

───── 〈고요한소리〉는

- 붓다의 불교, 붓다 당신의 불교를 발굴, 궁구, 실천, 선양하는 것을 목적으로 설립되었습니다.

- 〈고요한소리〉 회주 활성스님의 법문을 '소리' 문고로 엮어 발행하고 있습니다.

- 1987년 창립 이래 스리랑카의 불자출판협회BPS에서 간행한 훌륭한 불서 및 논문들을 국내에 번역 소개하고 있습니다.

- 이 작은 책자는 근본불교를 중심으로 불교철학·심리학·수행법 등 실생활과 연관된 다양한 분야의 문제를 다루는 연간물連刊物입니다. 이 책들은 실천불교의 진수로서, 불법을 가깝게 하려는 분이나 좀 더 깊이 수행해보고자 하는 분에게 많은 도움이 될 것입니다.

- 이 책의 출판 비용은 뜻을 같이하는 회원들이 보내주시는 회비로 충당되며, 판매 비용은 전액 빠알리 경전의 역경과 그 준비 사업을 위한 기금으로 적립됩니다. 출판 비용과 기금 조성에 도움 주신 회원 님들께 감사드리며 〈고요한소리〉 모임에 새로이 동참하실 회원을 기다리고 있습니다.

- 〈고요한소리〉 책은 고요한소리 유튜브(https://www.youtube.com/c/고요한소리)와 리디북스RIDIBOOKS를 통해 들으실 수 있습니다.

- 카카오톡 채널(https://pf.kakao.com/_XIvCK)을 친구 등록 하시면 고요한편지 등 〈고요한소리〉의 다양한 소식을 받으실 수 있습니다.

◦ 〈고요한소리〉 홈페이지 안내

  – 한글 : http://www.calmvoice.org/

  – 영문 : http://www.calmvoice.org/eng/

◦ 〈고요한소리〉 회원으로 가입하시려면 이름, 전화번호, 우편물 받을 주소, e-mail 주소를 〈고요한소리〉 서울 사무실에 알려주십시오. (전화: 02-739-6328, 02-725-3408)

◦ 회원에게는 〈고요한소리〉에서 출간하는 도서를 보내드리고, 법회나 모임·행사 등 활동 소식을 전해드립니다.

◦ 회비, 후원금, 책값 등을 보내실 계좌는 아래와 같습니다.

국민은행	006-01-0689-346
우리은행	004-007718-01-001
농협	032-01-175056
우체국	010579-01-002831
예금주	**(사)고요한소리**

─── 마음을 맑게 하는 〈고요한소리〉 도서

금구의 말씀 시리즈

하나	염신경念身經
	초전법륜경初轉法輪經
둘	초전법륜경初轉法輪經 (확대본)
	초전법륜경初轉法輪經 (독송본)

소리 시리즈

하나	지식과 지혜
둘	소리 빗질, 마음 빗질
셋	불교의 시작과 끝, 사성제 – 四聖諦의 짜임새
넷	지금·여기 챙기기
다섯	연기법으로 짓는 복 농사
여섯	참선과 중도
일곱	참선과 팔정도
여덟	중도, 이 시대의 길
아홉	오계와 팔정도
열	과학과 불법의 융합
열하나	부처님 생애 이야기
열둘	진·선·미와 탐·진·치

법륜 시리즈

보리수잎 시리즈

붓다의 고귀한 길 따라 시리즈

단행본

소리·셋

불교의 시작과 끝, 사성제
-사성제의 짜임새-

초판 1쇄 발행 2016년 5월 10일
초판 6쇄 발행 2025년 1월 15일

말한이   활성
엮은이   김용호
펴낸이   하주락·변영섭
펴낸곳   (사)고요한소리

등록번호 제1-879호 1989. 2. 18.
주소   서울시 종로구 인사동길 47-5 (우 03145)
연락처   전화 02-739-6328 팩스 02-723-9804
          부산지부 051-513-6650 대구지부 053-755-6035
          대전지부 042-488-1689 광주지부 02-725-3408
홈페이지 www.calmvoice.org
이메일   calmvs@hanmail.net
ISBN   978-89-85186-82-7 02220

          값 1,000원